COUR DE CASSATION. — CHAMBRE CRIMINELLE.

OBSERVATIONS

POUR

MM. DORON, BELLER, FAUSSABRY ET LABREUILLE,

MAÎTRES DE POSTE,

défendeurs intervenants,

CONTRE

MM. Édouard RIVERAIN, RIVERAIN-VASLET, RIVERAIN-COLIN,

demandeurs.

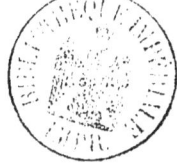

Les pourvois qui vont être examinés en suivant l'ordre de discussion tracé par les demandeurs, sont dirigés contre cinq jugements du tribunal supérieur de Blois, intervenus le même jour (9 juin 1855).

§ 1er.

Pourvoi (n° 385) *de M. Édouard* RIVERAIN *contre M.* DORON.

Le demandeur était appelant d'un jugement du tribunal correctionnel de Vendôme en date du 28 mars 1855, ainsi conçu :

« Le tribunal ; — Considérant qu'Édouard Riverain est entrepreneur d'une voiture à deux chevaux, partant tous les soirs de Vendôme à onze heures pour le Mans et arrivant au Mans à sept heures du matin, repartant de cette ville le soir de son arrivée et se trouvant tous les matins à Vendôme à quatre heures trois quarts ; que cette voiture correspond avec une autre partant de Vendôme pour Blois à cinq heures du matin et revenant à Vendôme à onze heures moins un quart du soir ; — Considérant que Riverain, partant d'un lieu où il existe un maître de poste pour se rendre dans un autre endroit où il existe également un maître de poste, devrait employer les chevaux de ces derniers ou leur payer l'indemnité fixée à 0,29 centimes 15 centièmes par myriamètre, par jour et par chaque cheval, conformément à l'ordonnance du 25 décembre 1839 ; — Considérant que le défendeur quitte la route postale de Vendôme au Mans après avoir parcouru environ trois kilomètres sur cette route pour prendre le chemin de moyenne communication de Vendôme à Saint-Calais ; que d'après l'art. 2 de ladite ordonnance, parcourant plus de 500 mètres sur ladite route postale, il doit au maître de poste de Vendôme la même indemnité que s'il avait parcouru un myriamètre entier, c'est-à-dire, pour ses deux chevaux, 0,58 centimes 30 centièmes par jour ; — Considérant qu'il est prouvé aux débats que, depuis le 30 octobre dernier, le défendeur n'a pas payé ledit droit au maître de poste Doron : que par exploit d'huissier, il a fait offre au demandeur du montant des droits exigibles pour le parcours de 3 kilomètres proportionnellement à ceux fixés par chaque myriamètre, mais qu'il doit l'indemnité pour le myriamètre entier, conformément à l'art. 2 de ladite ordonnance ; que ses offres réelles sont insuffisantes et ne sont pas libératoires ; — Considérant qu'aux termes de la loi du 15 ventôse an XIII, tout entrepreneur de voiture publique qui n'emploie pas les chevaux du maître de poste doit lui payer une indemnité sous peine de 500 fr. d'amende ; que Riverain a encouru l'amende prononcée par cette loi ; déclare insuffisantes et nulles les offres réelles d'Édouard Riverain à Doron ; le condamne à payer à ce dernier 69 fr. 96 cent. pour une indemnité applicable à un myriamètre de parcours depuis le 3 octobre 1854 jusqu'au 1er février 1855, plus 25 fr. 95 cent. pour quarante-trois jours parcourus du 1er février dernier au 16 mars présent mois ; le condamne en outre à 500 fr. d'amende applicable suivant la loi. »

A l'appui de l'appel de ce jugement avaient été prises des conclusions visées en ces termes dans la décision attaquée : « Infirmer le jugement, » donner acte au sieur Édouard Riverain des offres par lui faites au sieur » Doron les 9 et 30 décembre 1854 et 1er février 1855, les déclarer bon» nes, valables et suffisantes, subsidiairement lui donner acte des offres » par lui faites au sieur Doron le 6 mars 1855, les déclarer bonnes, etc. »

Il y a eu confirmation avec adoption de motifs.

Trois moyens sont invoqués.

I.

D'après le demandeur, il y aurait eu, en premier lieu, fausse application de l'art. 2 de la loi du 15 ventôse an XIII, en ce que la condamnation à l'amende aurait été prononcée dans un cas où elle n'était point encourue. — C'est, dit-il, le refus de payer qui constitue la contravention. La loi n'indique, ajoute-t-il, ni le lieu, ni l'époque du payement. En fait, dit-il encore, la poursuite n'a été introduite que le 19 février 1855; dès le 9 décembre 1854, j'avais notifié des offres qui ont été refusées, et j'ai complété ces offres avant le jugement pour obvier à tout débat ultérieur sur leur suffisance.

« Il est prouvé aux débats, lit-on dans les motifs du jugement attaqué, » que le défendeur n'a pas payé le droit au maître de poste. » Le pourvoi commence donc par s'affranchir de cette déclaration explicite des juges du fait.

Le demandeur avait-il au moins, pour tenir le langage de l'arrêt du 17 novembre 1838 (1), « fait offre réelle, pure et simple des droits dus? » La négative résulte encore des débats et du jugement. Il y est expressément constaté que ce fut seulement à l'audience du 6 mars 1855 que le demandeur se décida à offrir le payement des droits dus à raison d'une distance d'un myriamètre, et que la plainte et la citation du 19 février précédent avaient été motivées par sa persistance à n'offrir que les trois dixièmes de ces droits. Dès l'instant donc où l'illégalité du fractionnement, dont les offres antérieures à la poursuite n'avaient été que la mise en pratique, venait à être reconnue, le refus prévu et réprimé par l'art. 2 de la loi du 15 ventôse an XIII se trouvait établi.

La jurisprudence a d'ailleurs fait justice depuis longtemps du système qui consiste à réputer *quérable* et non *portable* la dette de l'indemnité postale, et à introduire dans la législation toute spéciale dont il s'agit ici l'art. 1247 Code Nap. « Attendu, lit-on dans le jugement du tribunal supérieur » d'Avignon, maintenu par l'arrêt déjà cité du 17 novembre 1838, que la » contravention à l'art 1ᵉʳ de la loi de ventôse an XIII résulte du seul dé- » faut de payement, puisque cet article impose à l'entrepreneur l'obligation » expresse de payer; autrement il n'y aurait jamais de contravention, puis- » que l'entrepreneur serait toujours à temps de payer quand le maître de » poste viendrait le lui demander, et qu'il suffirait même qu'il ne déniât » pas alors le devoir, pour qu'il n'y eût lieu qu'à une action ordinaire pour

---

(1) Sir., 39. 1. 319.

» l'y contraindre, tandis que la loi a voulu qu'il y eût immédiatement lieu à
» l'exercice de l'action devant la justice répressive, de cela seul que l'en-
» trepreneur n'a pas acquitté le droit qui lui est imposé;.... et que, de
» même qu'on paye au maître de poste les chevaux qu'on lui prend, à
» l'instant où on en fait usage, il doit lui payer les 0,25 centimes par poste
» qui sont une fraction du prix qu'on lui devrait si on les employait. »

On lit d'ailleurs dans l'arrêt de rejet du pourvoi contre le même jugement, un motif ainsi conçu : « Attendu que l'indemnité due aux maîtres de
» poste par les entrepreneurs de voitures publiques qui n'emploient pas
» leurs chevaux, doit leur être payée au lieu où le relais est établi en vertu
» de l'autorisation de l'administration supérieure, sauf les conventions qui
» peuvent intervenir entre les parties intéressées, pour leur commodité
» commune, sur le mode et le lieu de ce payement. »

Dans l'espèce, loin qu'aucune convention fût intervenue, le demandeur avait persévéré jusqu'au 6 mars 1855, à user de la route postale en se bornant à offrir les trois dixièmes du droit légitimement dû.

Le second grief n'est pas mieux fondé.

II.

Loin d'avoir méconnu, comme le prétend en second lieu le demandeur, les dispositions combinées de la loi du 15 ventôse an XIII et des art. 1er et 2 de l'ordonnance du 25 décembre 1839, le tribunal de Blois en a fait, au contraire, une saine application lorsqu'il a refusé d'admettre la divisibilité des droits de poste, dans le cas où la distance parcourue n'a ni dépassé ni même atteint, en totalité, un myriamètre.

On a compris l'impossibilité de soutenir une pareille prétention en ce qui concerne le service effectif de la poste. C'eût été en effet tenir pour abrogées les dispositions de l'art. 2, 6e alinéa, de l'ordonnance du 25 décembre 1839, ainsi conçues : « Les fractions de distance parcourues sur
» une communication de relais à relais seront payées comme il suit, savoir :
» sur les communications dont l'étendue est inférieure au myriamètre, il
» sera payé le prix de la distance entière, telle qu'elle se trouve indiquée au
» livre de poste. Sur les communications d'un myriamètre et au-dessus,
» *s'il a été parcouru moins d'un myriamètre, il sera payé un myriamètre*; s'il

» a été parcouru un myriamètre ou plus, il sera payé le prix de la distance
» entière indiquée au livre de poste. »

Aussi s'ingénie-t-on à distinguer entre le droit, sur la quotité duquel on discute, et les droits de poste proprement dits. Mais cette distinction est incompatible avec la loi. « Nul autre que les maîtres de poste, portait l'art. 2 » de la loi du 19 frimaire an VII, ne pourra conduire, à titre de louage, » des voyageurs d'un relais à l'autre, à peine d'être contraint de payer *par* » *forme d'indemnité* le prix de la course. » En réduisant ce prix d'indemnité à 25 centimes par poste et par cheval, la loi du 15 ventôse an XIII atténua sans doute la rigueur des conséquences du principe que tout emprunt d'une route postale donne ouverture à la perception des droits de poste qu'il y ait ou qu'il n'y ait pas eu service effectif, mais elle n'en maintint pas moins expressément ce principe. C'était toujours de l'indemnité ou dette du prix de la course, qu'il s'agissait. Réduire cette dette à 0,25 centimes par poste et par cheval, ce n'était en changer ni la cause ni la nature. Elle demeurait sous la nouvelle loi ce qu'elle était sous le régime de la loi antérieure, c'est-à-dire la dette des droits de poste proprement dits. En même temps qu'il abaissait la quotité de la perception, le législateur y ajoutait d'ailleurs, en cas de refus, une pénalité qui ne se rencontrait point dans la loi du 19 frimaire an VII, à savoir l'amende édictée au profit tant du maître de poste que de l'État. (Loi du 15 ventôse an XIII, art. 2.)

Qu'enfin les dispositions spéciales à l'indemnité soient autant de parties intégrantes d'un seul et même ensemble, c'est ce qui résulte expressément du texte des lois, décrets et ordonnances organiques du régime postal. S'il est vrai que la loi du 15 ventôse an XIII soit exclusivement relative à la perception de 0,25 centimes par poste et par cheval, et que cette loi ait eu pour but d'autoriser, sous la seule condition d'acquitter ce droit, la concurrence des messagistes, il ne l'est pas moins que, dès le 30 floréal de la même année, il intervenait un décret qui statuait simultanément à l'égard tant de l'indemnité que du service effectif. Ce décret soumettait au contrôle de l'administration les transactions ou traités entre les maîtres de poste et les entrepreneurs de voitures publiques assujettis à l'indemnité. Même complexité dans l'art. 3 du décret du 10 brumaire an XIV, relatif à l'exécution de la loi concernant les droits à payer par ces entrepreneurs. Enfin, on rencontre dans l'ordonnance générale du 25 décembre 1839 sur le service de la poste aux chevaux, non-seulement une mention expresse de la loi du 15 ventôse an XIII, mais encore un article spécial à la perception de l'indemnité, l'art. 8.

« A dater du 1ᵉʳ janvier 1840, est-il dit dans l'art. 1ᵉʳ de cette ordon-
» nance, toutes les distances de postes seront comptées par myriamètres
» et par kilomètres. Toute distance de cinq cents mètres et au-dessus, jus-
» qu'à mille mètres, sera comptée pour un kilomètre; toute distance moin-
» dre de cinq cents mètres ne sera pas comptée. » Ainsi, pour la supputation des distances, l'unité dénommée *poste* devait désormais faire place à l'unité *myriamètre* ou à ses multiples décimaux les kilomètres, et toutes les tarifications décrétées en vue de la première étant à remplacer par des tarifications déterminées eu égard à la seconde, l'indemnité fixée à 0,25 centimes par l'art. 1ᵉʳ de la loi du 15 ventôse an XIII se trouvait élevée à 29 centimes 15 centièmes (art. 8). Mais tels demeuraient l'unique portée et l'unique but de la nouvelle ordonnance. Œuvre du pouvoir exécutif seulement, elle ne pouvait puiser son efficacité que dans les lois dont elle devait n'être et dont elle n'a été que la conséquence et l'application; aussi n'y rencontre-t-on aucune trace de la prétendue divisibilité du droit de 29 centimes 15 centièmes par myriamètre et par cheval dans le cas où l'emprunt de la route postale n'a ni dépassé ni même atteint la distance d'un myriamètre, ou plutôt prohibe-t-elle cette divisibilité, puisqu'elle interdit dans le même cas la division des droits exigibles à raison d'un service effectif.

Intervenus pour la plupart dans des espèces où il s'agissait précisément de restituer à la loi postale son autorité trop souvent méconnue par les fraudes de la concurrence, les arrêts que le demandeur a cru devoir citer, renferment beaucoup plutôt la condamnation que l'approbation de son système, qui n'est, en réalité, qu'un dernier reflet des interprétations imaginées pour soustraire aux perceptions établies l'emprunt des routes postales. On suit facilement, en parcourant la jurisprudence de la cour régulatrice, la progression décroissante de ces interprétations. Une fois écartée par les arrêts de la chambre criminelle du 9 septembre 1831 (1) et des chambres réunies du 28 août 1832 (2), la prétention d'exempter de

---

(1) Sir., 32. 1. 63.
(2) *Ibid.* 32. 1. 722.

l'indemnité l'emprunt de la route postale toutes les fois que le trajet commencé sur cette route, et continué par une autre route non postale, n'avait pas atteint 43 kilomètres sur la première, on essaya sans plus de succès d'exonérer les distances de faveur (1), puis les emprunts qui n'auraient point dépassé un myriamètre (2). Telle fut, en dernier lieu, l'occasion qui se rencontra de déclarer en principe que l'indemnité, proportionnelle à la distance parcourue, demeurait exigible à raison de toute distance appréciable. Nul des contrevenants qui plaidaient alors n'ayant imaginé de soutenir, en désespoir de cause, comme le demandeur, que la perception, pour un trajet inférieur en totalité à un myriamètre, comportait divisibilité, il n'y eut point à discuter cette proposition, ou, pour mieux dire, à écarter une aussi abusive interprétation de la législation postale en général et de l'ordonnance de 1839 en particulier.

III.

Le grief déduit d'un prétendu défaut de motifs à l'appui du rejet des offres notifiées par le demandeur dans le cours de la poursuite, n'est pas mieux fondé que les précédents.

Et d'abord, les conclusions tendantes à la validité de ces offres se réduisaient, en réalité, à débattre au fond la plainte de l'intervenant. La contravention que l'on m'impute, disait en résumé le demandeur, n'a pas été commise, ou, du moins, elle a cessé, puisque je propose d'acquitter les droits de poste à raison d'un myriamètre entier et non plus seulement de trois kilomètres. Il n'y avait évidemment là ni exception, ni demande reconventionnelle, ni chef de conclusions à distinguer ou à isoler du débat sur le fond même de la poursuite. Il ne s'agissait que d'un moyen de défense qui rentrait essentiellement dans l'appréciation des faits de la plainte, et, une fois les éléments de l'imputation constatés explicitement comme ils l'ont été, le juge ne s'écartait nullement des prescriptions de l'art. 7 de la loi du 21 avril 1810, lorsqu'il s'abstenait de déduire des motifs spéciaux et distincts à l'appui du rejet de ce moyen.

---

(1) Voy. 11 oct. 1827. Sir. 28. 1. 65.
(2) Voy. 30 mars 1848. Dalloz, 48. 3ᵉ part., col. 378, nᵒ 4.

Le jugement est d'ailleurs motivé explicitement, même sur le rejet des offres. S'il n'y est pas déclaré expressément que les offres notifiées le 6 mars 1855 étaient tardives et ne pouvaient empêcher qu'à la date de la plainte, c'est-à-dire au 19 février 1855, le refus d'acquitter la totalité des droits exigibles ne fût un fait avéré, au moins est-il constaté en propres termes que les offres du demandeur n'étaient ni suffisantes ni libératoires.

Enfin, conclure subsidiairement, comme le demandeur le faisait en dernier lieu, à la validité des offres du 6 mars 1855, qu'était-ce, sinon renoncer à contester, sur ce point, la confirmation du jugement dont était appel, qui avait alloué les droits à raison d'un myriamètre entier? Or, des motifs explicites quant à la légalité de cette perception, ne se rencontraient-ils pas dans le même jugement?

§ 2°.

Pourvoi (n° 382) de M. Édouard RIVERAIN contre MM. BELLER et FAUSSABRY.

1. Dans cette seconde contestation, la décision dont le jugement attaqué s'est approprié les motifs est conçue en ces termes :

« Le tribunal ; — Considérant qu'il résulte des débats qu'Édouard Riverain est propriétaire d'une voiture publique à deux chevaux, faisant le service de Vendôme au Mans et du Mans à Vendôme, faisant un parcours de plus de 43 kilomètres et étant réputée, d'après la loi, voyager à grandes journées; qu'à son départ de Vendôme, elle parcourt environ 3 kilomètres sur la route postale de Vendôme à Épuisay; qu'elle quitte cette route à l'embranchement du chemin de moyenne communication de Vendôme à Saint-Calais; qu'elle rentre sur ladite route postale à environ 1 kilomètre 500 mètres avant d'arriver à Saint-Calais sur le relais d'Épuisay à cette dernière ville; — Considérant que le prévenu voyageant à grandes journées est tenu de se servir des chevaux des maîtres de poste ou de leur payer une indemnité à raison de 29 cent. 15 centièmes d'après l'ordonnance royale du 25 décembre 1839; que, d'après l'art. 2 de cette ordonnance, le droit de poste est dû pour un myriamètre si la voiture a parcouru plus de 500 mètres sur la route postale; qu'il s'ensuit que les demandeurs, étant maîtres de poste d'Épuisay à Vendôme et d'Épuisay à Saint-Calais, il leur est dû pour le parcours d'un myriamètre pour l'arrivée de Vendôme, et pour le parcours d'un myriamètre pour le retour à Vendôme; — Considérant que Riverain (Édouard) n'a pas payé lesdites indemnités depuis le 3 octobre 1854 jusqu'au 1er février 1855;

qu'elles s'élèvent à la somme de 139 fr. 92 cent.; qu'il a en outre encouru une amende de 500 fr., conformément à la loi du 15 ventôse an XIII ; donne défaut contre Édouard Riverain, et pour le profit, le déclare coupable de la contravention qui lui est reprochée ; le condamne à payer aux demandeurs 139 fr. 92 cent. pour indemnités par lui dues par suite de parcours sur la route postale, savoir : un myriamètre pour l'arrivée de Vendôme à Saint-Calais et un myriamètre pour le retour à Vendôme, depuis le 30 octobre 1854 jusqu'au 1er février dernier. »

Le demandeur avait pris en appel les conclusions suivantes : « Infirmer » le jugement.... ; subsidiairement réduire à 21 fr. 18 c. le montant de l'in- » demnité postale. Dire que l'amende de 500 fr. se confondra avec celle » précédemment prononcée contre le sieur Édouard Riverain par le juge- » ment du 23 mars 1855. »

II. Les deux premiers moyens du demandeur contre le jugement attaqué ne sont que la reproduction des griefs discutés sous le paragraphe précédent. Il suffira d'ajouter que les juges du fait ont constaté l'emprunt de deux relais distincts, et qu'il est de principe et de jurisprudence qu'en pareille circonstance, tous les maîtres de poste établis sur la ligne soumise à des emprunts de parcours sont fondés à réclamer, chacun en droit soi, l'indemnité établie par la loi. (V. l. du 15 ventôse an XIII, art. 1er, et arrêt du 11 octobre 1827 (1)).

III. Quant au troisième grief, déduit d'un prétendu défaut de motifs à l'appui du rejet des conclusions tendantes à la confusion des amendes, il manque de base.

Il ne s'agissait point de l'une de ces réquisitions qui tendent à l'usage d'une faculté ou d'un droit accordé par la loi, et qui entraînent nullité lorsqu'il y a refus ou omission de statuer (408, C. d'instr. crim.). Le demandeur ne faisait autre chose que combattre la plainte au fond, même lorsqu'il demandait pour la première fois en appel qu'une seule amende fût prononcée dans le cas où plusieurs contraventions viendraient à être admises à sa charge. Si ce n'était plus là dénier l'existence des faits, c'était soutenir qu'ils n'étaient passibles d'aucune peine. En cet état, le juge d'appel, qui s'appropriait les constatations du premier juge, et qui motivait expressément la condamnation à l'amende, 1° sur le fait d'une dette de droits de

---

(1) Sir., 28. 1. 65.

poste envers chacun des plaignants ; 2° sur le refus de payer cette dette ; 3° sur les dispositions de la loi du 15 ventôse an XIII , satisfaisait évidemment à l'art. 7 de la loi du 21 avril 1810. Ces divers motifs s'appliquaient, en effet, au moins implicitement et virtuellement, au rejet du moyen de défense, qui consistait à prétendre que la pénalité d'une nouvelle amende n'était pas encourue.

C'est ainsi que l'on a considéré comme suffisamment motivée par la déclaration de culpabilité du délit d'usure, une condamnation prononcée sans motifs directement applicables au rejet de conclusions subsidiaires par lesquelles le prévenu constestait la qualification de prêts usuraires donnée à des actes de renouvellement, et l'emploi de ces renouvellements dans la supputation du taux de l'amende (24 décembre 1825). (1). — Il serait facile de multiplier ici les citations analogues.

§ 3°.

Pourvoi (n° 386) *de* MM. Riverain-Vaslet *et* Riverain-Collin *contre* MM. Beller *et* Faussabry.

I. Voici le texte du jugement confirmé avec adoption de motifs :

« Le tribunal ; — Considérant que Riverain père est entrepreneur d'une voiture publique à deux chevaux, partant tous les matins à six heures de Mondoubleau, arrivant à Vendôme vers neuf heures moins un quart, et repartant de cette dernière ville à cinq heures du soir, pour arriver à Mondoubleau à huit heures ; qu'il est constant, d'après les débats, que cette voiture verse journellement les voyageurs dans une autre voiture publique appartenant à Riverain fils, faisant le service de Vendôme à Blois, partant de Vendôme un quart d'heure après l'arrivée de celle de Mondoubleau, à neuf heures du matin, arrivant à Blois à onze heures et demie, repartant de Blois à deux heures du soir pour arriver à Vendôme à cinq heures moins un quart, un quart d'heure avant le départ de la voiture de Vendôme à Mondoubleau, de sorte que, habituellement, Riverain père et fils font un échange de voyageurs ; — Considérant que le versement réciproque de voyageurs dans la voiture de Vendôme à Mondoubleau et de Vendôme à Blois n'est pas le résultat du hasard, mais d'une entente entre les deux entrepreneurs de ces voitures ; que cette entente résulte des dépositions des témoins et des pièces produites aux débats ; qu'elle résulte notamment de ce que Riverain père, ainsi que le constate un certificat du commissaire de police, attend, ses chevaux

---

(1) Dalloz, *Nouv. Rép.* v° Jugement, ch. 7, sect. 2, p. 513, note 1.

attelés, l'arrivée de la voiture de Blois, pour la suivre jusqu'au bureau de cette voiture, place Saint-Martin, pour y recevoir, à destination de Mondoubleau, les voyageurs qui en descendent ; de ce qu'à son arrivée de Mondoubleau, cette voiture s'arrête au même bureau pour y descendre les voyageurs à la destination de Blois pour qu'ils montent dans la voiture de Riverain fils, partant presque immédiatement de Vendôme pour Blois ; de ce que, pour faire coïncider les départs et les arrivées avec ceux de la voiture de Vendôme à Blois, Riverain père, suivant certificat du directeur de la régie des impositions indirectes, a déclaré changer les heures de départ de la voiture de Vendôme à Mondoubleau ; — Considérant que, par suite de ce versement réciproque de voyageurs, les voyageurs sont immédiatement transportés de Vendôme à Blois et de Blois à Mondoubleau, sur un parcours de plus de 45 kilomètres ; — Considérant que, d'après le décret du 10 brumaire an XIV, les entrepreneurs de voitures qui ne relayent pas, mais à certaines distances et sans attendre le coucher du soleil, se versent réciproquement les voyageurs, sont assujettis aux droits de poste prévus par la loi du 15 ventôse an XIII ; que ces droits ont été fixés par l'ordonnance du 25 décembre 1839 à 29 centimes, 15 centimes par myriamètre et par cheval ; — Considérant que Riverain père n'a pas payé ces droits aux demandeurs depuis le 9 mars 1853 jusqu'au 1er février 1855 ; qu'ils s'élèvent à 1,294 fr. 24 centimes ; que Riverain père est en outre passible d'une amende de 500 fr., conformément à la loi du 15 ventôse an XIII ;—Considérant que la contravention commise par Riverain père étant le résultat d'un concert entre lui et son fils, ce dernier doit être considéré comme coauteur de ladite contravention ; qu'il a encouru une amende solidaire ; déclare Riverain-Vaslet et Riverain-Collin coauteurs de la contravention à raison de laquelle ils sont poursuivis, et pour répression d'icelle, par application des lois des 15 ventôse an XIII, 10 brumaire an XIV, 6 juillet 1810, de l'ordonnance du 25 décembre 1839 et de l'article 194 du Code d'instruction criminelle, dont lecture a été donnée par le président, et qui sont ainsi conçus : etc., etc., les condamne solidairement envers les demandeurs en 1,294 fr. 24 centimes pour l'indemnité à eux due à raison du parcours fait sur le relai d'Épuisay à Mondoubleau, et d'Épuisay à Vendôme, depuis le 9 mars 1853 jusqu'au 1er février dernier exclusivement ; les condamne en outre solidairement en 500 fr. d'amende. »

Lors de la décision attaquée, les demandeurs se sont bornés à conclure en ces termes : « Déclarer les sieurs Beller et Faussabry non recevables et mal fondés dans leur demande, les en débouter et les condamner aux dépens. »

II. Un premier grief consiste à soutenir que, faute de constater explicitement qu'il y avait, dans l'espèce, garantie de versement réciproque des voyageurs, le jugement attaqué ne renfermerait pas les éléments justificatifs de l'imputation prévue par les art. 4 du décret du 10 brumaire an XIV et

5 du décret du 6 juillet 1806, ainsi conçus : « Les entrepreneurs de voitures
» publiques qui ne relayent pas, mais qui, à certaines distances et sans at-
» tendre la couchée, se versent réciproquement les voyageurs qu'ils con-
» duisent, sont également assujettis au payement du droit. »

La réfutation de cette critique résulte par trop explicitement des constatations retenues dans les motifs du jugement, pour qu'il y ait lieu d'insister ici longuement. Une fois déclarées, comme elles l'ont été nettement et souverainement, des circonstances telles que : 1° la réciprocité du versement de voyageurs d'une voiture dans l'autre ; 2° l'absence de tout intervalle entre l'arrivée de la première et le départ de la seconde ; 3° le concert entre les messagistes, — la légalité de la condamnation ne saurait être sérieusement révoquée en doute. Les intervenants se réfèrent à ce sujet aux arrêts cités et discutés par les demandeurs eux-mêmes.

III. On tente, en second lieu, de contester la légalité de la disposition du jugement par laquelle les demandeurs ont été déclarés coauteurs de la contravention, et solidairement condamnés comme tels ; l'un des demandeurs n'était, dit-on, que simple conducteur et non pas un entrepreneur.

Aucun débat, ni sur ce dernier fait ni sur la participation commune à la contravention, ne saurait s'élever devant la cour régulatrice.

Il ne résulte d'ailleurs nullement des conclusions prises dans le dernier état de la cause, que les demandeurs aient prétendu diviser entre eux la responsabilité des faits de la poursuite et rejeter sur l'un plutôt que sur l'autre cette responsabilité. La solidarité prononcée n'a donc été qu'une application parfaitement légale des art. 55 C. pén. et 1382 C. Nap. Il n'est pas besoin d'ajouter que l'amende édictée par la loi du 15 ventôse an XIII participe essentiellement du caractère de dommages-intérêts vis-à-vis du maître de poste dont la plainte est admise.

IV. En ce qui concerne enfin l'absence prétendue de motifs à l'appui du rejet d'exceptions opposées à la poursuite, il suffira de faire remarquer que, dans le dernier état du débat, aucune de ces exceptions n'a été l'objet de conclusions précises, et que l'on s'était borné, comme on l'a vu plus haut, à requérir en termes généraux l'infirmation du jugement.

§ 4°.

Pourvoi (n° 384) *de* MM. Riverain-Vaslet *et* Riverain-Collin *contre* M. Labreuille.

Le jugement intervenu dans cette affaire n'est vis-à-vis de l'intervenant, maître de poste chargé du service du relai d'Épuisay à Montdoubleau, que la reproduction littérale de la décision transcrite dans le paragraphe précédent, et il est attaqué par les motifs auxquels il vient d'être répondu.

§ 5°.

Pourvoi (n° 383) *de* M. Alphonse Riverain-Collin *contre* MM. Beller *et* Faussabry.

1. Voici le texte du jugement attaqué :

« Le tribunal; — Considérant qu'il résulte des débats que Riverain-Collin est propriétaire d'une voiture à deux chevaux partant tous les matins de Saint-Calais par Savigny, arrivant à Vendôme à neuf heures moins un quart, correspondant avec une autre voiture appartenant au même, partant à neuf heures du matin de Vendôme pour Blois ; que ladite voiture de Saint-Calais repart de Vendôme pour cette dernière ville à cinq heures du soir, immédiatement après le retour de la voiture de Vendôme à Blois ; que ces deux voitures correspondent ensemble et se versent réciproquement leurs voyageurs ; que cette correspondance est constatée par des affiches et des insertions, et par une administration commune aux deux voitures dans le bureau de Riverain-Collin, établi place Saint-Martin, à Vendôme ; que ces deux voitures parcourent ensemble plus de 43 kilomètres par jour, et sont réputées, d'après la loi, voyager à grandes journées ; que, dans ce cas, Riverain est tenu de se servir des chevaux des maîtres de poste ou de leur payer l'indemnité fixée à 0,25 c. par poste, par la loi du 15 ventôse an XIII, et à 0,29 c. quinze centièmes par myriamètre, par l'ordonnance royale du 25 décembre 1839 ; qu'il suffit, d'après l'art. 2 de cette ordonnance, que la voiture publique ait parcouru plus de 500 mètres sur une route postale pour que le droit soit dû sur le parcours d'un myriamètre ; — Considérant que la voiture de Riverain-Collin, prenant la route de Savigny à son départ de Saint-Calais, ne quitte cette route qu'après avoir parcouru sur icelle environ 1 kilomètre 500 mètres, et qu'elle la reprend à environ 3 kilomètres avant d'arriver à Vendôme ; que Beller et Faussabry, étant maîtres de poste d'Épuisay à Vendôme et d'Épuisay à Saint-Calais, il leur est dû le droit pour le parcours d'un myriamètre d'Épuisay à Saint-Calais et pour le parcours d'un myriamètre d'Épuisay à Vendôme ; que Riverain-Collin n'a pas payé les droits qui leur sont dus depuis le 15 juillet 1854 jusqu'au 13 février 1855, montant à 248 fr. 35 c. ; — Considérant qu'il est passible d'une amende de 500 fr., conformément à la loi du 15 ventôse an XIII ; donne défaut contre Riverain Collin non comparant, ni personne pour lui, et pour le profit, le condamne à payer à Beller et Faussabry la somme de 248 fr. 35 c. pour l'indemnité à eux due par suite du parcours de la voiture de Saint-Calais à Vendôme sur la route postale, savoir : 1 myriamètre pour l'arrivée à Vendôme, et 1 myriamètre pour le retour à Saint-Calais, depuis le 15 juillet 1854 jusqu'au 13 février 1855 ; le condamne en outre à 500 fr. d'amende applicables suivant la loi, etc. »

II. A l'appui de son recours contre ce jugement, le demandeur déclare employer : 1° le moyen discuté ci-dessus, § 1ᵉʳ, n° II ; 2° le moyen discuté sous le n° II du second paragraphe (1). Enfin, il allègue encore l'absence de motifs à l'appui du rejet d'exceptions tirées : 1° de ce que le propriétaire de la voiture était le sieur Édouard Riverain ; 2° de ce qu'il y aurait eu lieu à confusion de l'amende ; 3° et d'un prétendu défaut de qualité en la personne de l'intervenant Faussabry. Le premier et le troisième de ces moyens de défense n'ont point été précisés dans les conclusions prises lors du jugement attaqué. Quant au rejet du second, on se réfère aux observations présentées plus haut, § 2ᵉ, n° III (2).

En résumé, les cinq décisions attaquées paraissent à l'abri de critiques tant en la forme qu'au fond, et il est conclu au rejet des pourvois avec dépens.

HENRI HARDOUIN,

Docteur en droit, avocat à la Cour de Cassation.

---

(1) Voy. ci-dessus, p. 9.
(2) Voy. p. 9.

Paris. — Imprimé par E. Thunot et Cᵉ, rue Racine, 26.

www.ingramcontent.com/pod-product-compliance
Lightning Source LLC
Chambersburg PA
CBHW071445060426
42450CB00009BA/2308